FÜR

VON

DATUM

Das Wesen des Erfolgs

Mac Anderson

Gründer von *Successories*®

Published by Simple Truths 2520 Diehl Road, Aurora, IL 60502

Exklusivvertrieb der deutschen Ausgabe durch
Life Success Media GmbH
6020 Innsbruck/Austria

Projektredaktion: F. Heigl / B. Stöckl

Übersetzung: ConText Johannes Molthan, Bodenheim

Entwurf: Koechel Peterson and Associates, Inc., Minneapolis, MN, USA.

ISBN 978-3-902114-81-5

Gedruckt in der Europäischen Union

www.lifesuccessmedia.com

Inhaltsverzeichnis

FOLGE DEINEN
ERFOLG IST EINE REISE,
KEIN ZIEL.

TRÄUMEN

Erfolgreich
ist der Mensch,
der gut gelebt,
oft gelacht und viel
geliebt hat,
der nie aufgehört hat,
die Schönheit der Erde
zu würdigen,
der immer das Beste
in anderen sucht und
das Beste von sich gibt.

ES WAR EIN AUGENBLICK, den ich nie vergessen werde. Ich hatte gerade einen Vortrag vor einer Gruppe beendet und der Vorsitzende des Unternehmens machte mir eines der größten Komplimente, das ich je bekommen habe: „Hören Sie niemals auf mit dem, was Sie tun, denn Sie sind mit der Gabe gesegnet, sich mit Menschen zu verbinden … von Seele zu Seele."

Einfach ausgedrückt, ist genau dies mein Ziel mit diesem Buch: mich mit Ihrer Seele zu verbinden – denn eine einzige Idee kann, wenn es die richtige ist, Ihr Leben verändern. Im Laufe der letzten dreißig Jahre hatte ich das Glück, an drei erfolgreichen jungen Unternehmen beteiligt gewesen zu sein. In diesem Buch „Das Wesen des Erfolgs" werde ich Ihnen von vielen Lektionen, die ich für den Beruf wie fürs Leben gelernt habe, berichten.

Ich glaube fest daran, dass sich Menschen an großartige Geschichten noch lange erinnern, nachdem sie großartige Vorträge längst vergessen haben. Daher werde ich meine „Lektionen" hauptsächlich in Form von Anekdoten aus dem wahren Leben erzählen, um Ihnen meine 28 Schlüssel zum Erfolg vorzustellen.

Erfolg ist eine sehr persönliche Angelegenheit, aber ich denke, dass sich die meisten Menschen einig sind, dass wahrer Erfolg in der Erfüllung zu finden ist, die man im Leben erfährt. Es ist dieses Gefühl tiefer Befriedigung, die in der Seele beginnt und auf das gesamte Wesen ausstrahlt. Das Endergebnis sind wahres Glück und Seelenfrieden. Ich glaube, es gibt kein schöneres Gefühl, als an seinem Lebensende mit einem „Lächeln im Herzen" zurückzublicken und zu wissen, dass man sich viele Träume erfüllen und im Leben anderer einen positiven Unterschied bewirken konnte.

Ich hoffe innigst, dass dieses Buch eine nützliche und praktische Hilfe für Sie sein wird, …

- Ihre persönliche Definition von Erfolg zu finden,
- Ihren Daseinszweck und Ihre Bestimmung zu finden,
- sich klar definierte Ziele zu setzen,
- niemals in Ihrem Glauben zu wanken, dass Sie sie erreichen können,
- Ihre Einstellung zu beherrschen,
- im Fall von Widrigkeiten, die unweigerlich auftauchen werden, durchzuhalten,
- zu lernen, Risiken einzugehen und Veränderungen bereitwillig anzunehmen,
- Güte im Herzen zu wahren … jederzeit,
- zu lieben und geliebt zu werden,
- einen Unterschied zu bewirken, wann immer, wo immer und wie auch immer Sie können.

Ja, das Leben ist wahrlich eine Reise, und ich wünsche Ihnen hiermit das Allerbeste für die Ihre.

MAC ANDERSON

HINTER MIR STEHT UNENDLICHE KRAFT,
VOR MIR LIEGEN ENDLOSE MÖGLICHKEITEN,
UM MICH HERUM SIND GRENZENLOSE CHANCEN.
WARUM SOLLTE ICH MICH FÜRCHTEN?
GLAUBE

ENTDECKEN SIE DIE KRAFT *des Glaubens*

MEHR ALS *hundert Jahre lang versuchten Läufer, die Meile in unter vier Minuten zu laufen. Dieses Ziel galt als der „Heilige Gral“ der Leichtathletik. Viele behaupteten, es sei nicht machbar. Es gab sogar Ärzte, die Artikel in Fachzeitschriften veröffentlichten, in denen sie erklärten, weshalb es für den menschlichen Körper physisch unmöglich sei, eine Meilen in weniger als vier Minuten zu durchlaufen.*

Dennoch lief im Mai 1954 ein britischer Medizinstudent namens Roger Bannister die Meile in 3 Minuten und 59,4 Sekunden. Seine erstaunliche Leistung machte rund um die Welt Schlagzeilen. Noch erstaunlicher war jedoch, was danach geschah. Die Vier-Minuten-Grenze wurde im folgenden Monat abermals unterboten … und wieder … und wieder. Seitdem geschah dies über siebenhundert Mal, manchmal von mehreren Läufern im gleichen Rennen.

Was war geschehen? Sie trainierten nicht anders, aber zum ersten Mal glaubten sie daran, dass sie es schaffen könnten. Die Hemmschwellen im Kopf waren überwunden worden.

Unterschätzen Sie nie die Kraft des Glaubens, wenn es darum geht, Ihre Träume zu verwirklichen. Ich kann ohne Zögern behaupten, dass alle erfolgreichen Menschen, die ich jemals kennen gelernt habe, eines gemein hatten: Sie glaubten von ganzem Herzen daran, dass sie es schaffen könnten.

Zu Beginn meiner Karriere war ich stellvertretender Verkaufsleiter eines Nahrungsmittelunternehmens. Einmal war ich in Detroit, um einen Verkäufer für diesen Markt einzustellen. Wir hatten acht Vorstellungsgespräche angesetzt, und der Vormittag war erfolglos verlaufen.

Ich schaute auf, und da stand mein 13-Uhr-Termin in der Tür. Es war ein großer, gut aussehender Mann und ich erinnere mich, dass ich mir dachte: „Das könnte der Richtige sein." Wir unterhielten uns eine Viertelstunde lang, und ich stellte eine Frage, die ich immer stelle: „Was werden Sie in fünf Jahren tun?" Ich werde seine Antwort nie vergessen. Er sagte: „Nun, Herr Anderson, so wie diese Termine verlaufen, werde ich wahrscheinlich immer noch zu Vorstellungsgesprächen gehen!" Nun, das war nicht ganz das, was ich hören wollte. Wir redeten noch ein paar Minuten, und dann ließ ich ihn gehen.

Dann blickte ich auf und sah meinen 14-Uhr-Termin. Er kam auf mich zu und begrüßte mich mit einem selbstbewussten Händedruck, und ein paar Minuten später stellte ich ihm die gleiche Frage: „Was werden Sie in fünf Jahren tun?“ Er schaute mir geradewegs in die Augen und sagte: „Herr Anderson, ich werde für Sie arbeiten. Diese Arbeit entspricht haargenau meinen Fähigkeiten und meinen Bedürfnissen. Ich glaube nicht nur, sondern ich weiß, dass ich Ihr Produkt auf diesem Markt verkaufen kann. Und wenn Ihnen meine Leistungen nach dreißig Tagen nicht zusagen, dann schulden Sie mir keinen Cent!“

Nun, da hätte man mich mit einer Feder umhauen können! Er hatte mir ein Angebot unterbreitet, dass ich nicht ablehnen konnte. Aber der Reiz dieses Angebots lag nicht in der möglichen finanziellen Ersparnis, sondern in der ungezügelten Leidenschaft dieses Mannes und seinem festen Vertrauen auf seine Fähigkeiten: Er glaubte an sich. Innerhalb eines Jahres war Sam der Verkäufer mit den höchsten Umsätzen im ganzen Unternehmen.

Sie sehen: Ob Sie denken, dass Sie etwas können, oder denken, dass Sie etwas nicht können: Sie werden immer recht behalten!

Die einzigen Dinge,
die zwischen einem
Menschen und dem,
was er im Leben
erreichen will, stehen,
sind der Wille,
es zu versuchen, und
das Vertrauen darauf,
dass es möglich ist.

RICH DEVOS

NICHTS GROSSES IST JE OHNE BEGEISTERUNG GESCHAFFEN WORDEN.

RALPH WALDO EMERSON

BEGEISTERUNG

Glaube treibt BEGEISTERUNG AN

IM JAHRE 1972 HATTE ICH GERADE *eine Stellung als stellvertretender Verkaufsleiter für die Orval Kent Food Company angetreten, ein kleines Unternehmen, das frisch zubereitete Fertigsalate herstellte, um sie an Delikatessenläden und Restaurants zu verkaufen. Meine Aufgabe war es, neue Verkäufer einzustellen und anzulernen, aber ich hatte absolut keine Ahnung vom Salatgeschäft. Deshalb hatte man Sid Caisman, der den größten Teil seiner Karriere Delikatessenläden betreut hatte, mit meiner Einweisung beauftragt. Sid war ein Profi, und er liebte seine Arbeit.*

Ich war ungefähr zwei Wochen in der Firma, als Sid hereinkam und von einem Ohr zum anderen strahlte. „Mac," sagte er, „ich hab seit zwei Jahren versucht, einen Termin bei dieser großen Lebensmittelkette zu bekommen, und am nächsten Freitag klappt es endlich. Möchten Sie mitkommen?" Ich antwortete: „Na, klar!"

Der große Tag kam, und unterwegs luden wir noch unsere gekühlten Kostproben ein. Als wir am Hauptsitz der Firma ankamen, sah ich, dass Sid voller Tatendrang steckte. Der Einkäufer kam heraus und stellte sich vor, und wir folgten ihm in sein Büro. Wir setzen uns, und er blickte über seinen Schreibtisch hinüber zu Sid und fragte ihn: „Warum glauben Sie, dass Ihr Produkt besser ist als das Ihrer Wettbewerber?"

Das war Sids Stichwort. Er begann, dem Einkäufer zu erzählen, warum unser Kartoffelsalat besser war als irgendein anderer auf dem Markt. Er beschrieb in allen Einzelheiten die Qualität, die frischgeschnittenen Zutaten, unser Spezialdressing und unsere hochmodernen Fertigungsanlagen. Und dann sagte er: „Und das Beste habe ich mir für den Schluss aufgehoben: Sie werden den Geschmack lieben!"

Mit großem Trara öffnete Sid den Deckel des Behälters mit der Kostprobe – und ich konnte es einfach nicht fassen: Obenauf lag eine riesige schwarze verfaulte Kartoffel von der Größe einer 50 Cent Münze. Aber Sid, der die Kartoffel vor seinem Gegenüber erspähte, stopfte sie sich rasch in den Mund und sagte: „Bob, ich kann einfach nicht genug von diesem Zeug bekommen!" Und zu meiner Verblüffung griff auch der Einkäufer zu, nahm sich etwas von dem Salat und sagte: „Sie haben recht, Sid: Es schmeckt großartig!"

Es war ein eindrucksvoller Augenblick. Ich hatte soeben gesehen, wie ein erfahrener Einkäufer Kartoffelsalat mit den Händen aß und es nicht einmal bemerkte! Und all das aus nur einem Grund: Sids ungezügelte Begeisterung!

Viele Dinge werden dir ins Auge stechen,

aber nur wenige ins Herz …

letzteren solltest du nachgehen.

BEGEISTERUNG

LEIDENSCHAFT

DIE WELLE DER LEIDENSCHAFT
KANN ZU EINER KRAFT WERDEN,
DIE NICHT AUFZUHALTEN IST.

Reiten Sie auf der Welle DER LEIDENSCHAFT

WAS PASSIERT, WENN *Sie von ganzem Herzen an etwas glauben? Glaube treibt Begeisterung an, und entschlossene Begeisterung explodiert zu Leidenschaft. Sie ist das Feuer unter unserer Seele und hebt unsere Stimmung.*

Im Jahre 1991 stellte Successories® Tim Dumbler als Betreuer für unsere Firmenkunden ein. Er erzählte seinem Vorgesetzten, Neil Sexton, dass er die Nummer 1 im Unternehmen werden wollte. Neil hingegen hatte Bedenken, ob er es bei Successories® überhaupt länger als einen Monat aushalten würde.

Die ersten beiden Vorstellungsgespräche, die Neil mit Tim geführt hatte, hatten am Telefon stattgefunden, und Tim bestand sie mit Bravour. Als Neil Tim jedoch das erste Mal persönlich gegenüberstand, war er entsetzt, als Tim ihm erzählte, er sei so gut wie blind. Aufgrund einer seltenen Krankheit namens Makuladegeneration hatte er vom dritten Schuljahr an nach und nach das Augenlicht verloren. Tim gab zu, dass er Probleme haben würde, Bestellungen in den Computer einzugeben, aber er hatte einen Lösungsvorschlag. Er erzählte Neil von einem Gerät, das er anschließen konnte, um die Buchstaben auf dem Bildschirm auf eine Höhe von etwa fünf Zentimetern zu vergrößern. Tim würde sich das Gerät anschaffen, wenn er die Stellung bekäme.

Nach dem Gespräch kam Neil in mein Büro und erklärte mir die Situation. Ich sagte: „Geben wir ihm eine Chance, Neil" – aber ich muss gestehen, dass ich ernsthafte Zweifel hatte, dass Tim es schaffen könnte.

Nun, wir irrten uns gewaltig. Wir hatten Tims Leidenschaft und Entschlossenheit, es zu schaffen, gewaltig unterschätzt. Auch wenn er mehr Zeit benötigte, seine Bestellungen einzutippen, bewältigte Tim seine Arbeit. Er erschien früher zur Arbeit und machte Überstunden. Was immer nötig war – er tat es.

Im Jahre 1991, Tims erstem Jahr, stand er mit einem Umsatz von über $500.000 an der Spitze von zehn erfahrenen Firmenvertretern. Im Jahr 1994 war er mit $700.000 wieder erster und auch 1997 mit $950.000. Seine Kunden mochten ihn, weil Menschen, die nicht sehen können, gute Zuhörer sind. Seine Kollegen mochten ihn aufgrund seiner fürsorglichen, positiven Einstellung.

Er war sicherlich auch für mich eine Inspiration. Ich fragte ihn einmal: „Tim, wie schaffst du es, so positiv zu bleiben?" Er sagte: „Mac, es ist schade, dass ich sehbehindert bin, aber ich muss sagen, dass mich meine Behinderung zu einem besseren Menschen gemacht hat. Mir ist klargeworden, dass ich viel mehr habe als ich nicht habe. Ich liebe meine Familie, ich mag meine Arbeit und die Kollegen. Ich bin in vielerlei Hinsicht gesegnet."

Tims Leidenschaft hat ihn zu großem Erfolg katapultiert.

WAGE DEN AUFSTIEG

DEINE EINSTELLUNG
BESTIMMT FAST IMMER, WIE HOCH DU
IM LEBEN HINAUSKOMMST.

ZIG ZIGLAR

Beherrschen Sie IHRE EINSTELLUNG

NACH ÜBER 30 JAHREN *im Geschäftsleben bin ich mehr denn je davon überzeugt, dass der Unterschied zwischen Erfolg und Misserfolg nicht darin liegt, wie man aussieht, wie man sich kleidet oder welche Ausbildung man hat, sondern … wie man denkt.*

Ich kann gar nicht genug betonen, wie wichtig es ist, eine positive Einstellung zu wahren. Anderseits kann man auch kaum leugnen, dass es nicht immer leicht ist. Positiv zu bleiben ist eine sehr persönliche Angelegenheit – aber es ist durchaus machbar. Ich kann nur erzählen, was bei mir funktioniert, und hoffen, dass Sie meine Erfahrung nachvollziehen können.

Ganz oben auf meiner Liste steht körperliches Training. Das Maß meiner Motivation und meiner Energie hängt zweifelsohne mit meiner Fitness zusammen. Sie kennen sicherlich diese Lichterketten, die man an Weihnachten zum Schmücken verwendet. Wenn eines der kleinen Lämpchen defekt ist,sind alle anderen ebenfalls erloschen. So geht es mir, wenn ich mich nicht fit halte. Fitness ist das beste Mittel, Stress zu bewältigen.

An zweiter Stelle steht das Leben in Dankbarkeit. William James, einer der Väter der modernen Psychologie, sagte: „Die größte Entdeckung meiner Generation ist, dass der Mensch sein Leben ändern kann, indem er seine Einstellung ändert."

Abraham Lincoln sagte: „Die meisten Menschen sind so glücklich, wie sie es sich selbst vorgenommen haben.“

Wir sind auf vielerlei Art und Weise vom Glück verwöhnt und wir müssen uns ständig daran erinnern. Wenn wir morgens aufwachen, müssen wir Entscheidungen treffen: Wir müssen uns entscheiden, was wir anziehen, welche Socken, welche Kleidung, aber vor allem, welche Einstellung wir an diesem Tag tragen wollen.

Der dritte Punkt zur Beherrschung meiner Einstellung ist, über mich selbst und mit anderen zu lachen. Viele Menschen nehmen sich selbst viel zu ernst. Als Kinder lachen wir viel und träumen viel, aber dann werden wir erwachsen und werden zu einem lauernden Herzinfarkt!

Forscher haben drei Gründe gefunden, warum Menschen nicht zurechtkommen:

- sie haben eine geringe Selbstachtung,
- sie leben in der Vergangenheit,
- sie können nicht über sich selbst lachen.

Einer Studie zufolge müssen wir sogar mindestens zwölfmal am Tag lachen, um gesund zu bleiben. Lachen Sie über sich selbst! Lachen Sie mit Ihren Freunden, Ihrer Familie, Ihren Kollegen. So bleiben Sie gesund, munter und motiviert!

LEBENSSINN

WENN SICH DIE SONNE
ÜBER DEINEM LEBEN SENKT,
SOLL MAN SAGEN, DASS DU IN DEINEM LEBEN
EINEN UNTERSCHIED BEWIRKT HAST.

ENTDECKEN SIE DEN *Grund Ihrer Existenz*

Der Ursprung von tausend Wäldern liegt in einer Eichel.

RALPH WALDO EMERSON

WAS SIND IHRE *größten Begabungen? Wie können Sie der Menschheit am besten dienen? Dies sind Fragen, die Sie beantworten müssen, um Ihren wahren Daseinsgrund zu finden.*

Wer bin ich?

Was ist meine Bestimmung?

Was versuche ich aus meinem Leben zu machen?

Dies sind bedeutungsvolle Fragen, die vielleicht nicht leicht zu beantworten sind. Manchmal stellt man sie sich, wenn wichtige Veränderungen im Leben anstehen, wie etwa familiärer Zwist, der Verlust eines Arbeitsplatzes, eine spirituelle Erweckung oder der Tod eines geliebten Menschen.

Ich bin glücklich, dass ich den Zweck meines Daseins gefunden habe. Ich habe diesen Grund, morgens aufzustehen und er gibt meiner Leidenschaft Antrieb. Eines der größten Komplimente, die mir je gemacht wurden, war: „Mac, wenn Sie reden, sind Sie mit der Gabe gesegnet, sich mit Menschen zu verbinden … von Seele zu Seele.“ Ich dachte über diese Worte nach und entschloss mich, mein Leben nach dieser Begabung auszurichten. Mein Daseinszweck ist, durch Reden und Schreiben „Ideen zum Leben zu erwecken“, die andere Menschen ermutigen und motivieren.

Jeder Mensch ist einzigartig. Jeden von Ihnen gibt es nur einmal im ganzen Universum. Sie haben viele offensichtliche Begabungen und andere, die noch darauf warten, entdeckt zu werden.

Ich glaube jedoch wirklich daran, dass eine der wichtigsten Fragen, die Sie sich auf Ihrer Suche nach Ihrem Lebenszweck stellen können, lautet: „Wie kann ich anderen dienen?“ Albert Schweitzer drückte es treffend aus: “Ich weiß nicht, was euer Schicksal sein wird, doch eines weiß ich: Wahrhaft glücklich werden nur diejenigen von euch, die dienen wollten und es auch getan haben.“

WISSEN

WISSEN KANN MIT DEM BESTEIGEN
EINES BERGES VERGLICHEN WERDEN,
JE HÖHER MAN AUFSTEIGT,
DESTO MEHR SIEHT UND WÜRDIGT MAN.

ENTWICKELN SIE EINEN UNSTILLBAREN *Wissensdurst*

Menschliche Macht und menschliches Wissen treffen sich in einem.

FRANCIS BACON

VOR NICHT ALLZU LANGER ZEIT *hatte ich die Gelegenheit, Jim Cathcart bei einem Vortrag vor Geschäftsleuten zuzuhören. Jim ist ein guter Freund und ein großartiger Redner. Er erzählte, wie eine Rundfunksendung, die er vor über 25 Jahren hörte, sein Leben für immer veränderte und mit seiner freundlichen Genehmigung gebe ich diese Geschichte hier an Sie weiter.*

Im Jahre 1972 arbeitete er bei der Wohnbaubehörde von Little Rock (Arkansas), verdiente $525 im Monat, war jung verheiratet, hatte ein kleines Kind, keinen Studienabschluss, keine Erfolge vorzuweisen und nicht viel Hoffnung für die absehbare Zukunft.

Eines Morgens saß er in seinem Büro und hörte Radio, als die Sendung *Our Changing World* von Earl Nightingale lief, den man den „Meister der persönlichen Motivation" nannte. An diesem Tag sagte Nightingale in seiner wohltönenden Stimme etwas, das Jims Leben für immer verändern würde: „Wenn Sie eine zusätzliche Stunde pro Tag damit verbringen, sich auf dem von Ihnen gewählten Gebiet Wissen anzueignen, werden Sie in spätestens fünf Jahren ein landesweiter Experte auf diesem Gebiet sein."

Jim war verblüfft, aber je mehr er darüber nachdachte, desto sinnvoller schien es. Obwohl er noch nie in seinem Leben eine Rede gehalten hatte, wollte er schon immer Menschen helfen, sich persönlich weiterzuentwickeln und sich selbst zu motivieren. Er stellte Nightingales Theorie auf die Probe, indem er bei jeder Gelegenheit Bücher las und sich Aufnahmen anhörte. Er begann außerdem, sich fit zu halten und sein Leben besser zu organisieren und er trat einer Studiengruppe für Selbstverwirklichung bei. Obwohl er wochenlang versucht war aufzugeben, hielt er durch, indem er jeden Tag ein wenig mehr tat, um sein Ziel zu erreichen. In sechs Monaten lernte er mehr als in den paar Jahren, in denen er eine Hochschule besucht hatte und er begann, daran zu glauben, dass er sein Ziel, Motivationsredner zu werden, verwirklichen könnte. All die harte Arbeit, die Disziplin und das Selbststudium zahlten sich schließlich aus. Jim hat mittlerweile weltweit über 2.500 Vorträge gehalten und er wurde mit jeder bedeutenden Auszeichnung in seiner Branche bedacht.

So wie Firmen einen Marktwert haben, haben ihn auch Menschen. Einfach ausgedrückt steigt Ihr Marktwert mit Ihrem Wissen und Handeln. Wissen ist Macht – nicht nur für Ihre Karriere, sondern auch, um Ihr familiäres und spirituelles Dasein zu verbessern. Ich hörte einmal ein Zitat, das es treffend auf den Punkt bringt: „Wissen ist, als besteige man einen Berg: Je höher man aufsteigt, desto mehr sieht und würdigt man."

FORTSCHRITT
INCH BY INCH,
LIFE'S A CINCH.
YARD BY YARD,
LIFE IS HARD.

SETZEN SIE SICH REALISTISCHE *kurzfristige* ZIELE

IN MEINEM ERSTEN STUDIENJAHR *lernte ich eine Lektion, die ich nie vergessen werde.*

Ich hatte eine stressige Woche, viel Arbeit und wenig Zeit. Es wuchs mir über den Kopf. Ich geriet in Panik.

Eines Abends kam ein Freund zu mir aufs Zimmer im Studentenwohnheim. Als ich ihm von meinem Problem erzählte, sagte er: „Mac, weißt du, was mir meine Oma immer sagte? 'Inch by inch, life's a cinch. Yard by yard, life is hard.' Das heißt: In kleinen Schritten ist das Leben einfach. In großen Schritten ist das Leben schwer."

Ich sagte: „Mensch, Bob! Ich ersticke hier in Arbeit und du kommst mir mit Sprüchen von deiner Oma! Eine tolle Hilfe!"

Nachdem er wieder gegangen war, tanzte mir dieser kleine Vers jedoch im Kopf herum. Ich nahm mir einen Notizzettel und schrieb all die Dinge auf, die ich in den nächsten drei Tagen zu erledigen hatte. In dieser Nacht hakte ich die ersten auf dem Zettel nach und nach ab.

Nach drei Tagen nahm ich mir den Zettel und strich den letzten Punkt auf der Liste. Ich fühlte mich großartig. Und dann nahm ich einen anderen Zettel und schrieb darauf die Worte: “Inch by inch, life's a cinch. Yard by yard, life is hard.” Ich faltete diesen Zettel und steckte ihn in mein Portemonnaie. Wie viele von Ihnen vielleicht wissen, sammle ich seitdem Zitate.

Wie Sie sehen können, kommt Erfolg nicht wie die Niagarafälle niedergeprasselt, sondern Tropfen für Tropfen in Form kurzfristiger, realistischer Ziele.

Motivationsexperten sind in vielen Dingen unterschiedlicher Meinung, aber sie sind sich alle einig, dass der Grad der Motivation direkt mit der zu erwarteten Erfolgswahrscheinlichkeit zusammenhängt. Mit anderen Worten: Wenn Sie glauben, dass Sie etwas schaffen können (Ihre Ziele also realistisch sind), dann werden Sie wahrscheinlich hochmotiviert sein. Wenn Sie jedoch glauben, dass Sie es nicht schaffen werden (weil Ihre Ziele unrealistisch sind), dann fällt Ihr Motivationsniveau drastisch ab.

Die Schlussfolgerung, die man daraus ziehen kann, ist, weiterhin große Träume zu träumen, aber zu erkennen, dass der wahre Schlüssel zum Erfolg, die realistischen, kurzfristigen Ziele sind, die einen auf die nächsthöhere Ebene bringen.

Ziele
sind Träume
mit festen Terminen.

FORTSCHRITT

PHANTASIE

DIE WELT IST NUR EINE
LEINWAND FÜR DIE
VORSTELLUNGSKRAFT.

HENRY DAVID THOREAU

Nutzen Sie Ihre *Vorstellungskraft*

PHANTASIE BEDEUTET, *Dinge nicht so zu sehen, wie sie sind, sondern wie sie sein könnten. Denken Sie darüber nach: Alles, was jemals auf der Welt erfunden wurde, begann als eine Vorstellung im Kopf eines Menschen. Ohne Vorstellungskraft, ohne Träume, würden wir uns nicht weiter entwickeln.*

Viele Leute haben mich schon gefragt, wie ich mit Successories® angefangen habe. Sie fragten: „Sind Sie mitten in der Nacht aufgewacht und haben sich gesagt: ‚Aha! Motivierende Worte mit schönen Fotos zu verknüpfen wäre eine tolle Möglichkeit, Unternehmenswerte und persönliche Ziele zu festigen'?“ Nein, natürlich nicht. Es entwickelte sich langsam und begann mit meiner Schwäche für Zitate.

Ich war schon immer der Meinung, dass das richtige Zitat eine Idee zum Leben erwecken kann. Es ist, als schaue man durch den Sucher einer Kamera und mit einer kleinen Drehung am Objektiv wird ein verschwommenes Bild plötzlich kristallklar.

Meine Liebe zu den Zitaten regte mich dazu an, meine Lieblingszitate 1985 in einem kleinen, 80 Seiten starken Büchlein mit dem Titel *Motivational Quotes* zusammenzufassen. Zuerst war das Buch als Werbegeschenk gedacht, aber dann entschlossen wir uns, es in den Geschenkeläden an Flughäfen auch zum Verkauf anzubieten. Zu unserer großen Überraschung verkauften wir im Laufe der folgenden beiden Jahre über 800.000 Exemplare. Zwischenzeitlich hatten wir einen Bestellschein beigelegt, mit dem die Leser ihr Lieblingszitat aus dem Buch auswählen konnten und für $19,95 würden wir es ihnen dann auf einer Messingtafel zusenden. Wir konnten uns vor Bestellungen kaum retten!

Nun standen wir an der Schwelle zu Successories®. Wir hatten festgestellt, dass viele Menschen ebenso viel Freude an Zitaten hatten wie ich. So gingen wir von motivierenden Zitatbüchern über zu Zitattafeln aus Messing und dann zu motivierendem Wandschmuck, der atemberaubende Fotos mit inspirierenden Worten verband. Es ist eine einfache Idee. Ich habe oft festgestellt, dass die simpelsten Ideen die Besten sind.

Doch gute Einfälle fallen nicht vom Himmel. Die Umsetzung dieser Einfälle braucht Menschen, die aufgeschlossen sind und einen Willen haben, neue Wege zu gehen und Neues zu lernen. Jordan Ayan, ein Kreativitätsexperte, schreibt in seinem Buch *Ignite*

Your Creative Spark, dass neue Ideen im Unterbewußtsein verwurzelt sind und sich in vier Schritten zum Leben erwecken lassen.

Die vier Schritte sind:

1. Vorbereitung: Sie sammeln Informationen und Quellen, um das Problem oder die Chance vollständig zu erfassen und zu begreifen.

2. Reifezeit: Sie unternehmen keine bewussten Schritte, Ihr Problem zu lösen, sondern lassen Ihr Unterbewusstsein mit der Information spielen.

3. Erleuchtung: Sie haben ein „Aha!"-Erlebnis, vermutlich, wenn Sie es am wenigsten erwarten.

4. Umsetzung: Sie tun es oder lassen es. Hier kommen die meisten ins Schleudern. Ich hörte, wie John Maxwell einmal sagte: „Viele Leute haben tolle Einfälle unter der Dusche, aber sie scheinen sie zu vergessen, wenn sie sich abtrocknen." Gehören Sie nicht zu diesen Menschen. Erwecken Sie Ihre Ideen mit Ausdauer und Leidenschaft zum Leben!

Nichts geschieht, ohne dass ein Traum vorausgeht.

CARL SANDBURG

WANDEL

Nehmen Sie VERÄNDERUNGEN IN IHREM LEBEN AN

„MOTIVATION" KOMMT VON *„Motiv" und ein Motiv ist ein Beweggrund. Bewegung bedeutet aber auch Veränderung. Stellen Sie sich jetzt, in diesem Augenblick, einmal die Fragen: „Bewege ich mich nach vorn, oder stehe ich still? Übe ich einen Beruf aus, der mir Spaß macht? Bin ich mit der Beziehung zu meinem Partner, meinen Kindern zufrieden? Führe ich ein gesundes Leben? Sind mein Energieniveau und meine Einstellung dort, wo sie sein sollten? Ist mein Verhältnis zu Gott so, wie es sein sollte? Gibt es ein Hobby oder eine Tätigkeit, der ich nachgehen wollte?"*

Wahrheitsgemäße Antworten auf diese und andere Fragen werden Ihnen sagen, ob Sie Veränderungen wollen oder brauchen.

Obwohl es entscheidend für den Beginn eines Wandlungsprozesses ist, dass man solche Fragen wahrheitsgemäß beantwortet, wissen wir alle, dass der schwierige Teil erst danach kommt. John Murphy schreibt in seinem Buch *Think Change*, dass die Schlüssel zu erfolgreicher Veränderung Disziplin und die „Umprogrammierung von Glaubenssätzen“ sind. Eine mahnende innere Stimme wird Ihnen empfehlen, den Weg des geringsten Widerstandes zu gehen und Erprobtes und Bewährtes nicht aufzugeben, aber Ihr Herz sagt Ihnen etwas anderes.

Hören Sie auf Ihr Herz. Filtern Sie das Rauschen heraus und schalten Sie um auf eine neue Frequenz. Stellen Sie Ihre Prämissen in Frage. Suchen Sie nach Menschen, die bereits das tun, was Sie tun möchten und schauen Sie sich diese Menschen genau an. Lesen Sie Bücher, oder hören Sie sich Aufnahmen an, die Sie dazu motivieren, aus der berüchtigten „Komfortzone“ auszubrechen. Treten Sie Ihren Ängsten entgegen. Wenn ein unbefriedigender Tag bei Ihnen einfach in den nächsten übergeht, dann fleht Ihr Leben nach Veränderung.

Komfortzonen verschließen die Türen zu Wachstum, Entdeckung und Abenteuer in Ihrem Leben, aber es gibt drei Schlüssel, die diese Türen wieder aufschließen: Disziplin, harte Arbeit und Vertrauen. Ich wiederhole hier, was ich bereits in Kapitel 7 sagte: Wenn es um Wandel und Fortschritt geht, gilt auch der Satz “Inch by inch, life’s a cinch. Yard by yard, life is hard.” Schließen Sie eine Tür nach der anderen auf, freuen Sie sich über kleine Erfolgserlebnisse und bald werden Sie Ihre Ziele erreicht haben.

Einige wichtige Punkte, die es zu beachten gilt:

1. Ohne Fleiß kein Preis! Es wird auch Rückschläge geben.
2. Angst ist menschlich. Mangel an Furcht ist nicht ein Zeichen von Mut, sondern ein Anzeichen für eine psychische Störung.
3. Wenn Sie Ihrer Angst einen Namen geben, wird diese zum Problem. Es ist einfacher, Probleme zu lösen, als Ängste zu bewältigen.
4. Mit jeder Hürde, die Sie bewältigen, wird Ihr Selbstvertrauen wachsen. Jedesmal, wenn Sie eine Angst überwinden und sei sie noch so klein, sind Sie auf die nächste Herausforderung besser vorbereitet.

Veränderung kann ein wundervolles Geschenk sein. Sie kann Ihren emotionalen Akku wieder aufladen und Ihre Seele erfrischen. Tun Sie's einfach! Entscheiden Sie sich für die Veränderung und lassen Sie das Gute in Ihrem Leben hervortreten.

Wandel ist unvermeidlich. Wachstum ist freigestellt.

MUT

HELDEN SIND GEWÖHNLICHE
MENSCHEN, DIE IHRE TRÄUME
ÜBER IHRE ÄNGSTE STELLEN.

FINDEN SIE *Helden*

DAS LEBEN KANN SCHWER SEIN. *Es läuft nicht immer alles so, wie man es plant. In solchen Zeiten Inspiration zu finden, kann uns wieder in die Bahn bringen. Manchmal reicht ein einziger Gedanke, um uns die Energie und den Mut zu geben, uns durch Ungemach hindurchzukämpfen. Ich schöpfe diesen Mut manchmal aus dem Gedanken an meine persönlichen Helden – Menschen, die große Dinge unter schwierigen Umständen geleistet haben – Menschen, die ihre Träume über ihre Ängste stellten … und siegten.*

Vier Helden inspirieren mich jedesmal, wenn ich an sie denke. Drei von ihnen werden Sie kennen, einen nicht.

Die erste Heldin ist Mutter Teresa, die ihr Leben in den Dienst an den Ärmsten der Armen stellte. Die zweite ist Helen Keller, die jeden Grund gehabt hätte, am Leben zu verzweifeln, jedoch durchhielt und zur Inspiration für Millionen wurde. Der dritte Held ist Abraham Lincoln, der zweimal als Geschäftsmann scheiterte und sechs Wahlen verlor, bevor er zum größten Präsidenten der USA wurde.

Wende dein
Gesicht zur Sonne,
und du wirst
keine Schatten sehen.

HELEN KELLER

Mein vierter Held ist Ricky Johnson. Ich habe ihn nur einmal getroffen, in meinem zweiten Studienjahr an der Universität, aber ich werde ihn nie vergessen.

An diesem heißen Sommertag in Indiana ging einfach alles schief. Ich ging mit Wörterbüchern hausieren und als es elf Uhr war, hatte ich noch kein einziges verkauft, zwei Leute aus dem Bett geklingelt und war gerade von einem Schäferhund gebissen worden. Wirklich kein guter Tag!

Entmutigt klopfte ich an die Tür eines großen Fachwerkhauses und war überrascht, als ich mit einem breiten Lächeln begrüßt und ins Haus gebeten wurde. Nachdem ich mich ein paar Minuten lang mit Frau Johnson unterhalten hatte, zeigte ich ihr das Buch. Während ich es vorstellte, warf sie Sätze ein wie: „Ich könnte mir denken, dass Ricky das gefällt" oder „Ricky fragte mich erst neulich nach diesem Wort."

Bald darauf meinte sie: „Schauen wir mal, was Ricky davon hält." Ich folgte ihr in ein kleines Zimmer, wo ich einen dreizehnjährigen Jungen im Bett liegen sah.

Seine Beine waren durch Kinderlähmung abgemagert. Er blätterte durch das Wörterbuch und sagte: „Mama, ich glaube, dieses Buch wird mir bei den Schulaufgaben helfen." Dann fragte er mich, ob ich viele Bücher verkauft hätte und welche Universität ich besuchte.

Wir sprachen ein paar Minuten lang und dann sagte er mir mit funkelnden Augen und einem Lächeln, das ich nie vergessen werde: „Weißt du, Mac, ich habe noch nie jemanden getroffen, den ich nicht mochte. Ich mag meine Lehrer und meine Klassenkameraden. Sie sind so nett zu mir. Sie haben mir sogar eine spezielle Rampe gebaut, damit ich die Treppenstufen rauf und runter fahren kann." Seine letzten Worte, als ich das Zimmer verließ, waren: „Mac, eines Tages werde ich auch studieren, genau wie du. Das garantiere ich dir!"

Ich hatte einen Kloß im Hals, eine Träne im Auge und ein wunderbar warmes Gefühl in mir, als ich davonfuhr und ich verkaufte an diesem Tag mehr Bücher als an jedem anderen Tag in jenem Sommer. Es hatte eines Dreizehnjährigen bedurft, mich aus meinem Selbstmitleid herauszureißen – und ich habe niemals seine wundervolle Einstellung zum Leben vergessen.

Wir machen uns so oft Gedanken über das, was wir nicht haben und wir verbringen viel zu wenig Zeit damit, dankbar zu sein für das was wir haben. Die meisten von uns sind vom Glück verwöhnt, aber manchmal bedarf es eines Helden, uns daran zu erinnern.

EINSAMKEIT

WAHRE STILLE IST DIE RUHE DES GEISTES,
UND SIE IST FÜR DEN GEIST,
WAS SCHLAF FÜR DEN KÖRPER IST:
NAHRUNG UND ERHOLUNG.

WILLIAM PENN

Suchen Sie DIE EINSAMKEIT

HATTEN SIE SCHON EINMAL *das Bedürfnis, Ihren emotionalen Akku wiederaufzuladen? Ich weiß, wenn ich schon lange keine Pause mehr hatte, dass meine Laune, mein Energieniveau und meine Fähigkeit, klar zu denken und entschlossen zu handeln, darunter leiden.*

In Kapitel 4 hatte ich erwähnt, dass ich meinen Stress hauptsächlich damit bewältige, dass ich mich fit halte. Mein zweitwichtigstes Mittel zur Stressbewältigung ist Einsamkeit. Einsamkeit gestattet es mir, meine Seele wiederzufinden und sie hilft mir, meinen tiefsten Sehnsüchten zu lauschen. Den „Lärm" und das Durcheinander des Alltags kann ich hinter mir lassen und ich kann mich ganz auf das konzentrieren, was mir meine Seele zu sagen hat.

In die Natur zu gehen, ist mein liebster Weg zur Einsamkeit, dort kann ich meine Sinne öffnen und jeden Augenblick in mich aufsaugen. Wenn ich wandere und tief durchatme, fühle ich wie Anspannung und Stress aus meinem Körper weichen. Ich schaue in den Himmel auf und danke für all die Wunder der Natur … die leuchtenden Farben des Herbstes, oder die atemberaubende Schönheit eines Sonnenuntergangs.

Ich empfehle dringend, sich jeden Tag ein wenig Zeit für die Einsamkeit zu nehmen. fünf bis zehn Minuten, für sich allein und ohne Unterbrechung, um mit Ihrer Seele zu kommunizieren. Wie und wann Sie dies tun, ist Ihnen persönlich überlassen, aber planen Sie es ein, denn Einsamkeit kommt nicht von allein. Machen Sie es zu einer Priorität in Ihrem Leben!

Einsamkeit ist für die Vorstellungskraft so notwendig

wie Gesellschaft dem Charakter förderlich ist.

EINSAMKEIT

JAMES RUSSELL LOWELL

DER MENSCH MUSS NICHT STÄNDIG ARBEITEN.
ES GIBT SO ETWAS WIE HEILIGE FAULHEIT,
DEREN PFLEGE FÜRCHTERLICH VERNACHLÄSSIGT WIRD.

GEORGE MACDONALD

LEBE HEUTE

GENIESSEN SIE DEN *Augenblick*

ICH HÖRTE EINMAL *wie jemand sagte: „Wir erinnern uns nicht an Tage. Wir erinnern uns an Augenblicke." In der Hektik unseres Alltags vergessen wir heutzutage aber nur allzu leicht die kleinen Freuden, während wir große Pläne schmieden.*

Wenn wir im Wettlauf besser oder der Beste sein wollen, verlieren wir manchmal das Gefühl einfach „nur da zu sein" aus den Augen. Und einfach nur zu sein, einen wunderschönen Augenblick zu genießen und in uns aufzusaugen, kann einige der größten Freuden des Lebens mit sich bringen. Ein knisterndes Feuer an einem kalten Winterabend, ein gutes Buch, ein Liebesbrief Ihres Partners, ein aufsehenerregender Sonnenuntergang, eine leckere Mahlzeit oder ein zeitloser Augenblick mit Ihrem Kind oder einem Freund … diese Augenblicke sind, wenn wir lange genug innehalten, sie zu genießen, die Essenz des Lebens.

Ich angle für mein Leben gern – vor allem Barsche. Vor ungefähr drei Jahren kam mir einmal spätabends vor dem Fernseher die verrückte Idee, jetzt gleich im See hinter meinem Haus zu angeln. Natürlich hielt mich meine Frau für übergeschnappt. Es war schließlich fast Mitternacht! Ich überzeugte sie davon, dass ich noch bei Sinnen war und legte los. Mich empfing eine warme Sommerbrise und ein klarer Sternenhimmel mit einem atemberaubenden Vollmond. Ich gab mich diesem Moment mit allen Sinnen hin – dem süßen Duft des Geißblatts, den Geräuschen der Grillen und Frösche und dem tänzelnden Widerschein des Mondes auf dem Wasser – es war eine perfekte Nacht.

Nachdem ich ein kleines Feld durchquert hatte, nahm ich meine Taschenlampe und wählte einen Köder. Beim ersten Auswerfen der Angel fing ich gleich einen fünf Pfund schweren Barsch, einen der größten, die ich je gefangen hatte. Ich entließ ihn sachte ins Wasser und gab mich wieder meinem Mitternachtsabenteuer hin. Innerhalb der folgenden beiden Stunden fing ich siebzehn Barsche, alle zwischen zwei und fünf Pfund schwer. Ich angle seit fast fünfzig Jahren, doch ich kann mich an kein schöneres Angelerlebnis als diese Sommernacht erinnern.

Diese Nacht bot weit mehr als ein Angelerlebnis; sie wurde zu einer Erinnerung fürs Leben. Sie gab mir einen kurzen Einblick, wie mein Leben sein könnte, wenn ich mich nur genug zurücknehme, um den Augenblick zu genießen. Auf dem Weg zurück zum Haus, als ich durch das hohe Gras stapfte, blickte ich ein letztes Mal zum Himmel hinauf, blieb kurz stehen und sagte: „Ich danke Dir, Gott, dass Du mir diese Nacht geschenkt hast."

AUGENBLICKE

Wir dürfen nicht zulassen,
dass uns Uhr und Kalender
blind machen für die Tatsache,
dass jeder Augenblick
ein Wunder und ein Mysterium ist.

H. G. WELLS

HANDLE

AUFSCHUB IST
DER NATÜRLICHE FEIND
DER GELEGENHEIT.

Überbrücken Sie die GRÖSSTE LÜCKE IM LEBEN

Es ist nicht genug,
zu wissen,
man muß auch
anwenden.
Es ist nicht genug,
zu wollen,
man muß auch tun.

JOHANN WOLFGANG VON GOETHE

MÖCHTEN SIE EINMAL *raten, was die größte Lücke im Leben ist? John Maxwell sagt, die größte Lücke im Leben ist die zwischen „ich sollte“ und „ich habe“. Man nennt dies auch die Diskrepanz des Aufschubs und wir alle machen uns hier hin und wieder schuldig.*

Ich stand beispielsweise vor sieben Jahren in einem unserer Successories®-Läden und beobachtete, wie ein Paar, Anfang vierzig, eintrat. Der Mann blieb stehen, schaute sich dreißig Sekunden lang um, stupste dann seine Frau an und sagte: „Schatz, die haben meine Idee geklaut! Weißt du noch, als ich dir sagte: „Ich wette, wir könnten ein Geschäft damit aufziehen, Produkte mit motivierenden Sprüchen zu verkaufen. Erinnerst du dich?“

Ich grinste und als sie wieder hinausgegangen waren, erzählte ich meiner Geschäftsführerin, was ich gehört hatte. Sie sagte: „Herr Anderson, das kommt schätzungsweise einmal im Monat vor.“ Aus Neugier sprach ich auch mit einigen anderen Geschäftsführern über dieses Thema und sie bestätigten die Beobachtung.

Hunderte von Menschen hatten offenbar diese Idee, aber nur einer setzte sie um. Das ist ein großartiges Beispiel für die Lücke zwischen „ich sollte“ und „ich habe“.

Aufschub ist, meiner Meinung nach, der natürliche Feind der Gelegenheit.

Hier ist ein kleiner Tipp, wie Sie das Aufschubproblem lösen können. Eine alte Weisheit besagt: „Wenn du morgens nach dem Aufstehen als erstes einen lebendigen Frosch verzehrst, dann kann dir den ganzen Tag über nichts Schlimmeres mehr zustoßen.“ Ich würde sagen, davon kann man ausgehen!

Brian Tracy schreib in seinem Buch *Eat That Frog!* („Iss diesen Frosch!“), dass der Frosch die härteste Aufgabe des Tages sein sollte – jene, die Sie am ehesten aufschieben würden. Den Frosch zu verspeisen oder die Aufgabe zu erledigen, meint er, gibt Ihnen die Energie und Zuversicht, aus denen Sie den Schwung für den Rest des Tages schöpfen. Wenn Sie ihn andererseits auf dem Teller sitzen und Sie anstarren lassen, während Sie weniger wichtigen Dingen nachgehen, dann driftet er leicht in Ihr Unterbewusstsein ab, zehrt an Ihrer Energie – und Sie merken es nicht einmal.

Hier ist also Ihre Hausaufgabe für den kommenden Monat: Schauen Sie sich an, welche Aufgaben Sie zu erledigen haben, finden Sie den Frosch und … ich muss Ihnen das ja nicht noch einmal erklären – Sie haben's schon verstanden.

FOKUSIERE

WER ZUVIEL TUT,
TUT OFT ZUWENIG.

ITALIENISCHES SPRICHWORT

ENTDECKEN SIE DIE KRAFT DER *Konzentration*

„WENN DU ZWEI HASEN JAGST, WERDEN DIR BEIDE ENTKOMMEN.“ *In neun Worten beschreibt dieses chinesische Sprichwort das Wesen der Konzentration. Im Geschäftlichen wie im Privaten besteht eine natürliche Neigung zu dem Gedanken „mehr ist besser“, aber ich muss Ihnen sagen, dass die meiste Zeit genau das Gegenteil der Fall ist. Um „mehr“ zu erreichen, müssen wir uns auf „weniger“ konzentrieren. Es ist tatsächlich ganz einfach: Sich auf Ihre Prioritäten zu konzentrieren, kann der Schlüssel zu Ihrem Erfolg im Beruf und im Leben sein.*

Bei Successories® erfuhr ich 1997 auf schmerzliche Weise, wie wichtig die Konzentration ist. Ich konzentrierte mich nicht – und musste den Preis dafür zahlen. Golf war damals „in“, weil Tiger Woods gerade auf der Bildfläche erschienen war. Wir entschlossen uns, eine kleine Katalogfirma namens *British Links* aufzukaufen, die marktführend in Golfgeschenkartikeln und Golfkunstwerken war. Die Logik war einfach: Wir kannten uns erstens im Geschäft mit Spezialkatalogen aus und zweitens mit Wandschmuck und Rahmen. Successories® war eines der größten Unternehmen im Land für die Anfertigung von Bilderrahmen und die Hälfte der Umsätze von *British Links* stammten aus dem Verkauf von gerahmtem Wandschmuck. Wir konnten also unser Fachwissen und die Synergieeffekte gewinnbringend einsetzen. Auf dem Papier sah das alles phantastisch aus! (Hier steckt irgendwo die Idee für ein Buch drin: *927 Gründe, warum Dinge auf dem Papier gut aussehen, aber in der Praxis nicht funktionieren.* Ich habe jede Menge Freunde, die dazu etwas beisteuern könnten!)

Ich will Sie jetzt nicht mit den Einzelheiten langweilen, warum dieses Unternehmen ein Flopp war, aber innerhalb von drei Jahren verkauften wir die Golffirma zu einem Spottpreis. Das Schlimmste an der Sache war aber nicht der finanzielle Verlust beim Verkauf von *British Links*, sondern der Schwung, den wir dadurch beim Aufbau von Successories®, unserem Kerngeschäft, verloren hatten.

Rückblickend gesehen war ich einfach ein Idiot! Es war so, als habe Ray Kroc, nachdem er die ersten zwanzig McDonald's-Restaurants eröffnet hatte, gesagt: „Jetzt wird's Zeit, ins Pizzageschäft einzusteigen!" Das hat er natürlich nicht getan. Er konzentrierte sich ganz auf Hamburger und Fritten und baute McDonald's zur größten Restaurantkette der Welt aus. Viele andere Geschäfte – wie Starbucks und FedEx – gelangten ebenfalls durch Konzentration zum Erfolg.

Beachten Sie jedoch: Konzentration ist ein Prinzip, das nicht nur im Geschäftlichen gilt. Jedem von uns stehen nur 24 Stunden am Tag zur Verfügung und wie wir diese Stunden verbringen, zeigt, was in unserem Leben von Bedeutung ist. Die Frage, die wir uns stellen müssten, wäre: Konzentrieren wir uns auf das, was wirklich wichtig ist?

KONZENTRATION

Behalte den Ball
im Auge und
das Spiel im Kopf!

HERAUSFORDERUNGEN

INDEM WIR UNS HERAUSFORDERUNGEN STELLEN, ENTDECKEN WIR UNSER POTENTIAL.

Lernen Sie AUS FEHLERN

ES IST AUF EWIG *in mein Gehirn eingebrannt. Ich nenne es einfach den „Herbst '94".*

Von 1990 bis 1993 wuchs Successories® jährlich um mehr als hundert Prozent. Wir verschickten über zehn Millionen Kataloge im Jahr und hatten sechzig Geschäfte eröffnet. Die Sache lief einfach großartig. Das schlichte Konzept „Schmücke deine Wände mit großartigen Ideen" war angekommen.

Murphys Gesetz traf uns dann mit voller Wucht. Alles, was schiefgehen konnte, ging schief. Im Juni diagnostizierte man bei Jim Allison, unserem kaufmännischen Geschäftsführer, im Alter von 47 Jahren eine Krebserkrankung. Mir tat es natürlich um Jim und seine Familie leid, aber aufgrund der Krankheit gerieten in unserer Firma auch Projekte ins Hintertreffen, die für unser Feiertagsgeschäft sehr wichtig waren.

So sehr wir uns auch anstrengten, wir konnten nicht mehr rechtzeitig aufholen. Das rasche Wachstum hatte die Infrastruktur unseres Unternehmens an ihre Grenzen gebracht und wir waren nicht mehr Herr der Lage. Es war der Albtraum eines jeden Unternehmers und als sich der Staub im Februar legte, mussten wir feststellen, dass wir erhebliche Verluste erlitten hatten. Als jemand, der sein Geschäft mit positiver Einstellung macht, muss ich zugeben, dass meine eigene für einige Wochen ziemlich im Keller war.

Hilfe kam durch den berühmten Footballspieler Mike Singletary, der seit dem Vorjahr Mitglied in unserem Vorstand war. Er erkannte das Problem, kam in mein Büro und schloss die Tür hinter sich. Er sagte: „Mac, ich möchte, dass du dir genau anhörst, was ich dir jetzt sagen werde: Das ist nur ein Schlagloch auf unserem Weg und ich bin sicher, dass du den entstandenen Schaden reparieren kannst. Wir sind jedes Jahr über hundert Prozent gewachsen, … und eines garantiere ich dir: Das war kein Zufall!“

Als Mike sprach, spürte ich meine Gänsehaut. Ich spürte, wie sich mein Rückgrat aufrichtete. Ich spürte, wie Mut und Vertrauen zurückkehrten. Es war ein entscheidender Augenblick in meinem Leben.

Was lernte ich aus diesem Misserfolg über Mac Anderson – und mein Team? Ich gelangte zu der Erkenntnis, dass meine Stärke im Umgang mit Menschen lag und in meinen schöpferischen Fähigkeiten, während meine Schwächen – wie die vieler Unternehmer – in den Feinheiten lagen: Buchhaltung und betriebliche Abläufe, die für unseren Erfolg lebenswichtig waren. In diesen Bereichen benötigte ich Hilfe. Ich brauchte Menschen, die das schon einmal gemacht hatten, die unsere Infrastruktur neu aufbauen konnten, damit das Unternehmen wieder wuchs.

Es war ein schmerzliches Erwachen. Ich hatte in großem Umfang versagt ... aber der Misserfolg hatte mir wertvolle Lektionen gelehrt.

Misserfolg und Versagen machen einen Großteil des Lebens aus, aber was unser Schicksal bestimmt, ist unsere Reaktion auf diesen Misserfolg. Wenn wir daraus lernen und uns aufraffen, dann kann er uns dabei helfen, das Beste aus uns herauszuholen. Wenn Sie aber eine solche Angst vor dem Versagen haben, dass Sie nie Risiken eingehen, dann werden Sie auch nie wachsen.

Leben

Ein Mensch war einst
mit sehr viel Vorsicht,
doch ohne Wagnis, ohne Umsicht,
der niemals lachte oder fluchte,
der nie träumte, nichts versuchte.
Und als er eines Tag's verschied,
da sagte die Versich'rung „Nein",
denn wer nie ein Leben hatte,
konnt' auch nicht gestorben sein.

AUTOR UNBEKANNT

UM ZU BEKOMMEN,
WAS DU NOCH NIE HATTEST,
MUSST DU TUN,
WAS DU NOCH NIE GETAN HAST.
DISZIPLIN

Entdecken Sie die Macht DER SELBSTDISZIPLIN

ARISTOTELES SAGTE: *„Wir sind das, was wir wiederholt tun. Vortrefflichkeit ist folglich keine Tat, sondern eine Gewohnheit.“ Wie wahr! Wenn wir uns Gutes angewöhnen, wird es uns unweigerlich prägen.*

Im Herbst 1996 erhielt ich einen Anruf von einem unvergesslichen jungen Mann. Er stellte sich als Matt Ghaffari vor und erzählte mir, dass er vor ein paar Monaten bei den Olympischen Sommerspielen die Silbermedaille im griechisch-römischen Ringen gewonnen hatte. Er wolle einmal vorbeischauen, weil er gerade in Chicago war und ich sagte: „Kein Problem. Ich treffe mich gerne mit Ihnen.“

Ein paar Stunden später rief meine Sekretärin an und ließ mich wissen, dass mein Besucher angekommen sei. Ich ging in den Empfangsbereich und da stand er: 1,93 m groß und 130 kg reine Muskelmasse! Er hatte ein breites Lächeln im Gesicht, als wir zurück in mein Büro gingen.

Als wir uns hinsetzten, sagte er: „Herr Anderson, ich bin gekommen, um mich zu bedanken, weil Sie und Ihre Firma einen Unterschied in meinem Leben bewirkt haben.“ Dann griff er in seine linke Tasche und zog ein grünes Filztuch heraus, das er anschließend entfaltete. Und da war sie, seine Silbermedaille. Sie war wunderschön! Dann griff er in seine rechte Tasche und breitete deren Inhalt auf meinem Schreibtisch aus. Zwischen dem Kleingeld lag eines der Messingmedaillons mit den Worten "Expect to win" („Erwarte den Sieg“), die wir bei Successories® geprägt hatten.

Er sagte: „Herr Anderson, ich hatte dieses Medaillon drei Jahre lang jeden Tag in meiner Tasche. In den vergangenen vier Jahren arbeitete ich zehn Stunden am Tag, sechs Tage die Woche, um meinen Körper olympiareif zu trainieren. Aber ich wusste auch, dass der Unterschied zwischen Sieg und Niederlage nicht nur im körperlichen Training liegt, sondern auch im Kopf entschieden wird: Ich musste meinen Kopf trainieren, positiv zu denken und stark daran zu glauben, dass ich es schaffen konnte. Die Produkte, die Sie bei Successories® geschaffen haben, halfen mir, wie ein Champion zu denken.“

Sehen Sie: Siegertypen wie Matt Ghaffari sind nie selbstgefällig. Deshalb sind sie Sieger. Sie verstehen die Macht der Disziplin. Sie verstehen eines meiner Lieblingsgesetze im Leben: Du wirst nicht bekommen, was du noch nie hattest, wenn du nicht tust, was du noch nie getan hast.

Sind Sie bereit und willens, die Opfer zu bringen, die erforderlich sind, um Ihre Träume zu verwirklichen?

DISZIPLIN

Der Unterschied zwischen einem
erfolgreichen Menschen und anderen
ist nicht der Mangel an Kraft oder Wissen,
sondern der Mangel an Willen.

VINCE LOMBARDI

DIE BEIDEN
STÄRKSTEN KRIEGER
SIND GEDULD
UND ZEIT.

LEO TOLSTOY

GEDULD

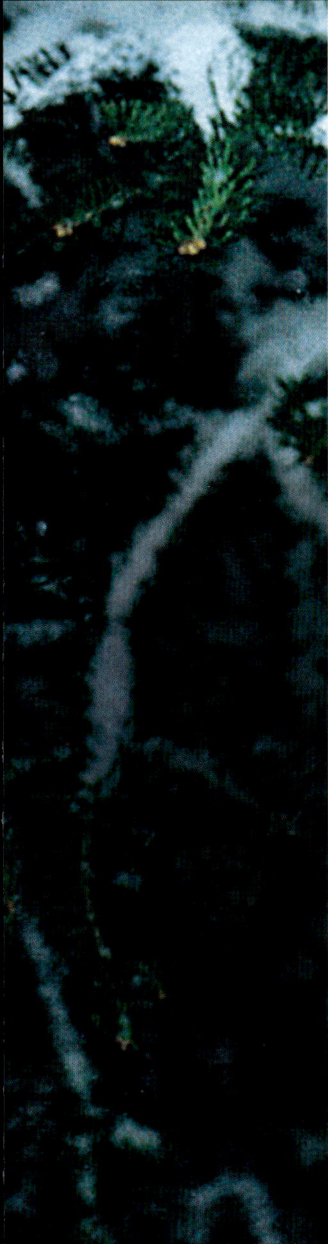

LERNEN SIE, WANN SIE *warten müssen*

ICH BIN DER ERSTE DER ZUGIBT, *dass Geduld nicht zu meinen stärksten Tugenden gehört. Mit zunehmendem Alter jedoch – und hoffentlich auch zunehmender Weisheit – habe ich deren unglaubliche Kraft zu schätzen gelernt. Rückblickend erkenne ich, dass ich einige meiner größten Fehler hätte vermeiden können, wenn ich geduldiger gewesen wäre.*

Im Jahre 1984, kurz nachdem ich *McCord Travel* verkauft hatte, gründeten wir einen kleinen Verlag namens *Great Quotations*. Unser Format war einfach: Jeder unserer dreißig Titel hatte achtzig Seiten mit einem einzigen Zitat pro Seite. Unser Hauptmarkt waren die Geschenkeläden in Hotels und an Flughäfen.

Das Konzept schlug ein und innerhalb eines Jahres hatten wir rund eine Million Bücher verkauft … aber es gab ein Problem: Aufgrund der Größe der Bücher und der Art der Bindung gab es keine Druckerei in unserer Region, die in der Lage war, die Arbeit zu einem wirtschaftlich vertretbaren

Preis zu liefern. Wir hatten die Wahl: (1) Wir konnten die Bücher in Übersee drucken lassen, wo Arbeitskräfte billig waren, oder (2) wir konnten Druck- und Bindemaschinen kaufen und die Arbeit im Haus erledigen.

Ich war ungeduldig und entschloss mich, die Maschinen anzuschaffen. Nur erwies sich das als eine der schlechtesten unternehmerischen Entscheidungen, die ich je traf. Zwei Jahre und eine Million Dollar später schlossen wir unsere Druckerei, verkauften die Maschinen und suchten uns eine Druckerei in Übersee, die die Arbeit zum halben Preis erledigte – und ohne den ganzen Ärger.

Schnell ist nicht immer die beste Lösung. Wäre ich geduldiger gewesen und hätte ich meine Hausaufgaben ordentlich gemacht, wären mir die vielen Kopfschmerzen und der Kummer erspart geblieben, die es mich kostete, diese Lernkurve zu durchlaufen.

Kürzlich hielt ich einen Vortrag in Hawaii. Ich landete gegen Mitternacht. Ein Chauffeur holte mich am Flughafen ab und brachte mich ins Hotel. Es war ein junger Mann mit einer echten Freude am Leben. Auf der Fahrt ins Hotel erzählte er mir, wie er das Wellenreiten liebte. Ich fragte ihn, ob es gefährlich sei und er sagte: „Sehr gefährlich – wenn man nicht weiß, was man tut.“ Er erzählte, dass viele Leute ertrinken, wenn sie von einer großen Welle nach unten gezogen werden und sie instinktiv darum kämpften, wieder an die Oberfläche zu kommen. Der Schlüssel, sagte er, liegt darin, den Körper einfach zu entspannen, dann bringt einen die Strömung zurück an die Oberfläche.

Das kann auch eine Lektion fürs Leben sein. Seien Sie angesichts von Widrigkeiten geduldig und die richtige Antwort wird meist auftauchen, noch bevor Sie es bemerken.

Geduld ist bitter,

doch die Früchte sind süß.

GEDULD

HALTE DICH FIT

SICH FIT ZU HALTEN

IST EIN KLEINER PREIS,

DEN MAN FÜR EINEN GESUNDEN KÖRPER

UND EINE GESUNDE EINSTELLUNG ZAHLT.

FITNESS BRINGT *Energie zurück*

Ein starker Körper macht den Geist stark.

THOMAS JEFFERSON

WENNGLEICH ICH IN EINEM FRÜHEREN *Kapitel erwähnte, dass Körperertraining für mich der Schlüssel dazu ist, meine geistige Einstellung zu beherrschen, verdient die Fitness doch auch ein eigenes Kapitel. Ich muss zugeben, dass ich erst langsam begriffen habe, wie wichtig regelmäßiger Sport für körperliches und seelisches Wohlergehen sind … und ich betone das Wort „regelmäßig"!*

Seit Jahren hatte ich Geschäftsfreunde, die verbissen drei- oder viermal in der Woche ihre Fitnessübungen absolvierten, aber ich verstand nie, woher sie die Zeit nahmen. Rückblickend war ich ein Trottel, weil ich mir nicht auch die Zeit nahm. Nachdem körperliches Training zu einer Priorität in meinem Leben wurde, stellte ich fest, dass meine Kreativität, mein Stressniveau, meine Energie, meine Fähigkeit, Probleme zu lösen und meine Einstellung allesamt auf positive Weise beeinflusst wurden. Es war eine erstaunliche Entdeckung und ich kann nur hoffen, dass einige unter Ihnen aus meinem Fehler lernen werden und den Sport früher als ich zu einem Bestandteil ihres Lebens machen werden.

Was geschieht also mit Ihrem Gehirn und Ihrem Körper, wenn Sie trainieren? Das Herz pumpt mehr Blut, das größere Mengen Sauerstoff und Nährstoffe zu ihren Zellen transportiert, was das Energieniveau erhöht. Durch den erhöhten Herzschlag fließt das Blut auch schneller durch unsere Arterien. So wie ein schwerer Regen Schmutz vom Ufer eines Stromes wegspült, so hilft der rasche Blutfluss, Ablagerungen von den Wänden der Arterien zu entfernen.

Vor ein paar Monaten unterhielt ich mich mit einem Bekannten, der 65 Jahre alt ist, aber zehn Jahre jünger aussieht. Ich sagte: „Tony, du siehst großartig aus! Wie machst du das?"

Er sagte: „Ich habe zwei Jobs!"

„Was meinst du?" fragte ich, weil ich doch wusste, dass er mit seinem Importgeschäft sehr gut verdiente.

Er sagte: „Mein Geschäft läuft noch immer gut, aber mein anderer Job findet von 6 bis 7 Uhr morgens statt, fünf Tage pro Woche auf der Tretmühle, dem Laufband. Als ich begann, das als einen zweiten Job zu betrachten, machte ich es, ob mir danach war oder nicht. In diesem Fall verdiene ich zwar nichts daran, aber was ich an körperlichem und geistigem Nutzen daraus ziehe, ist unbezahlbar."

Das war eine tolle Analogie. Seither denke ich jedesmal, wenn ich nicht die richtige Motivation zum Training finde: Zweitjob, keine Ausreden, los, ran! Unterschätzen Sie niemals den Nutzen regelmäßigen Körpertrainings. Dreißig bis fünfundvierzig Minuten am Tag, drei- bis viermal die Woche, sind ein kleiner Preis für einen gesunden Körper und einen gesunden Geist.

VIELFALT

SCHÖNHEIT KOMMT IN ALLEN FARBEN.

ERKENNEN SIE DIE CHANCE *in der Vielfalt*

Eine Welt – wir sind alle gemeinsam darin.

ICH WAR SCHWEISSGEBADET. *Dr. Moss war kurz davor, uns die Abschlussklausur des ersten Studienjahres in Anglistik zu geben.*

Er teilte uns mit, dass die Aufgabe darin bestand, einen Aufsatz über die Vorteile von Schulen mit Rassenintegration zu schreiben. Es waren schwierige Zeiten. Dr. Martin Luther King, Jr., war kürzlich ermordet worden und die Nationalgarde war nach Mississippi gerufen worden, um James Meredith daran zu hindern, die *University of Mississippi* zu betreten. Die Nation war gespalten, … insbesondere im Süden.

Von den dreißig Studenten in meinem Englischkurs waren 29 weiß und einer schwarz. Zu meiner großen Verblüffung ging der schwarze Student nach nur fünf Minuten zum Schreibtisch nach vorn, gab Dr. Moss seine Arbeit ab und ging hinaus. Ich war schockiert und dachte, dass er vielleicht über das Thema verärgert und aus Protest gegangen sei. Ich schrieb aber weiter und gab meine Arbeit kurz vor Ablauf der Zwei-Stunden-Frist ab.

Zwei Tage später versammelte sich der Kurs zur Notenvergabe und natürlich wurden die Klausuren zurückgegeben – außer einer. Dr. Moss sagte, es habe einige gute Arbeiten gegeben und einige lausige. (Ich war von meiner 2+ begeistert.) Aber die einzige 1+ ging an Robert, den jungen Schwarzen aus der ersten Reihe. Dr. Moss sagte: „Ich möchte seine Arbeit vorlesen. Sie ist kurz. Es wird nicht lange dauern. Es ist tatsächlich nur ein einziger Satz ... dreizehn Wörter genau."

„Man braucht die schwarzen und die weißen Klaviertasten um die Nationalhymne zu spielen."

Wow! Ich erinnere mich noch heute an das Kribbeln, das mir den Rücken hinablief, als ich diese Worte hörte. Welch eine Einsicht von diesem jungen Mann!

Wir sind alle gemeinsam in dieser Welt. Und denken Sie einen Augenblick darüber nach: Wenn wir uns alle voll und ganz an die Goldene Regel hielten – unabhängig von Aussehen, Glaube oder Hautfarbe ... Können Sie sich vorstellen, wie wunderbar die Welt sein könnte?

GÜTE

KEIN AKT DER GÜTE,

UND SEI ER NOCH SO KLEIN,

IST JE VERGEUDET.

AESOP

Entdecken Sie die Macht
DER GÜTE

Der beste Teil
im Leben eines
guten Menschen –
seine kleinen,
unerwähnten,
in Vergessenheit
geratenen Gesten
der Güte und Liebe.

WILLIAM
WORDSWORTH

RALPH WALDO EMERSON *sagte: „Eine der größten Entlohnungen im Leben ist, dass niemand einem anderen helfen kann, ohne sich selbst zu helfen." Wie recht er doch hatte!*

Mary Kay Ash war die inspirative Gründerin von Mary Kay Cosmetics. Vor vielen Jahren hörte ich, wie sie vor einer Gruppe von Geschäftsführern sprach. Sie erzählte von ihrem ersten Job als Verkäuferin, als sie Anfang 20 war. Sie war aufgeregt, weil sie zum ersten Mal auf einem Kongress war und dort den Spitzenverkäufer des Unternehmens kennenlernen würde. Bei einem Empfang bahnte sie sich ihren Weg durch die Menge, stellte sich ihm vor und bat ihn, ihr einige Geheimnisse seines Erfolgs zu verraten. Und wissen Sie, was er sagte? Nichts! Absolut nichts! Er ging einfach davon.

Mary Kay sagte, dies sei ein entscheidender Augenblick in ihrem Leben gewesen und sie nahm sich fest vor, dass sie, wenn sie jemals in ihrem Leben Erfolg genießen werde, ihn mit anderen teilen würde. Als sie ihr eigenes Unternehmen gründete, so berichtete sie, tat sie jedesmal, wenn sie einen Raum betrat, so, als trüge jeder dort ein Schild um den Hals mit der Aufschrift: MACH, DASS ICH MICH BEDEUTSAM FÜHLE!

Wenn wir jemandem aufrichtig zuhören, geben wir ihm das Gefühl bedeutsam zu sein. Das ist der einfachste Akt von Güte.

Meiner Meinung nach gibt es keinen wirklichen Erfolg in irgendeinem Leben, bis man die Schönheit von einfachen, willkürlichen Akten der Güte entdeckt.

HÖR ZU
DAS GRÖSSTE GESCHENK,
DAS DU JEMANDEM MACHEN KANNST,
IST DEINE UNEINGESCHRÄNKTE
AUFMERKSAMKEIT.
RICHARD MOSS

VERVOLLKOMMNEN SIE DIE *Kunst des Zuhörens*

Denke daran, nicht nur die rechten Worte am rechten Ort zu finden, sondern auch die falschen Worte im verlockenden Augenblick ungeäußert zu lassen.

BENJAMIN FRANKLIN

ALS ICH IN MEINEM ABSCHLUSSJAHR *in der High School war, sprang ich gelegentlich als Ersatzlehrer ein und unterrichtete fünfjährige Jungs in der Sonntagsschule. Eines Sonntags erzählte ich zwanzig sehr lebhaften Jungen (Kennen Sie welche in diesem Alter, die nicht lebhaft sind?) in meiner Klasse vom Apostel Petrus.*

Um zu sehen, ob sie aufgepasst hatten, fragte ich: „Wer in der Klasse möchte mir erzählen, wer Petrus war?" Totenstille. Nicht eine Hand hob sich. Dann sagte ich: „Wir haben jetzt zwanzig Minuten darüber geredet. Einer von euch muss doch eine Antwort wissen." Da sagte ein kleiner Junge mit roten Haaren: „Ich denk, er war ein Häschen." Es war ein unvergesslicher Augenblick: Er hatte den Apostel (englisch Peter) mit Peter Rabbit aus den Kinderbüchern von Beatrix Potter verwechselt.

Wir wissen alle, dass Kinder nicht die besten Zuhörer der Welt sind, aber all das ändert sich natürlich, wenn wir älter und weiser werden, nicht wahr? Für viele, glaube ich, trifft das nicht zu.

Zweifelsohne ist die Kunst des Zuhörens einer der meistunterschätzten Schlüssel zum Erfolg. Ich möchte, dass Sie einen Moment innehalten und über die Freunde nachdenken, mit denen Sie wirklich gerne zusammen sind, die Chefs, für die Sie gerne gearbeitet haben – ich wette, sie haben alle eines gemeinsam: Sie sind gute Zuhörer.

Vor ein paar Jahren rief mich ein Freund an. Er war verzweifelt. Er machte eine schwere Zeit in seinem Leben durch und war gezwungen, einige schwierige Entscheidungen zu treffen. Wir vereinbarten, uns in einem Restaurant zum Mittagessen zu treffen. Wir saßen über drei Stunden dort und er schüttete mir sein Herz aus. Alle fünfzehn Minuten oder so stellte ich eine Frage und er antwortete. Am Ende des Gesprächs konnte ich das Funkeln in seinen Augen sehen und auch sein Gang war wieder beschwingt. Er dankte mir überschwenglich für meinen Rat. Aber wissen Sie was? Ich hatte ihm überhaupt keinen Rat gegeben! In den drei Stunden unseres Zusammenseins redete er, schätze ich, zwei Stunden und fünfundfünfzig Minuten. Aber indem ich ihn dazu ermunterte, sich über seine stressige Lebenslage auszulassen, zog er seine eigenen Schlüsse. Am nächsten Tag rief er mich an und sagte: „Mac, ich hab gerade herausgefunden, warum ich dich so mag: Wenn ich mit dir zusammen bin, dann hab ich ein gutes Gefühl über mich selbst."

Wir möchten alle gehört werden. Wir möchten alle das Gefühl haben, dass das, was wir sagen, wichtig ist und Sie können jemandem keine größere Ehre erweisen, als aufrichtig dem zu lauschen, was er zu sagen hat.

PRIORITÄTEN

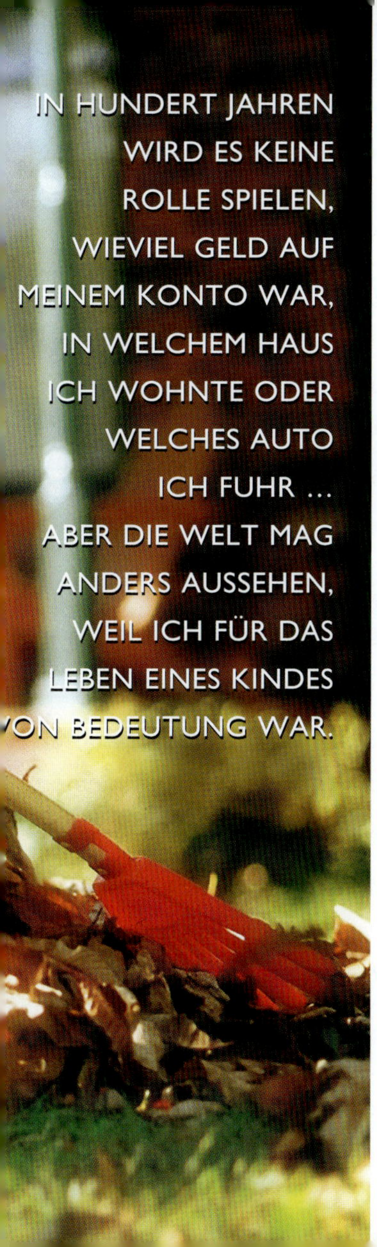

SETZEN SIE DAS WICHTIGSTE *an den Anfang*

ICH LERNTE CHARLIE CULLEN *in meinem zweiten Studienjahr über seinen Neffen kennen. Charlie war von seinen Kollegen zum besten Redner im ganzen Land gewählt worden. Er hat schon vor vielen Topmanagern von Fortune 500 Unternehmen Vorträge gehalten. An diesem Tag aber nahm er sich – als Gefälligkeit an seinen Neffen – trotz seines vollen Terminkalenders ein wenig Zeit, um vor einer kleinen Gruppe von Studenten über die Schlüssel zum Erfolg zu reden. Fast eine Stunde lang sprach er leidenschaftlich über Mut, Demut, Ausdauer und den Glauben an die eigenen Träume. Und er schloss mit einer Anekdote, die ich nie vergessen werde.*

Er erzählte, wie er einmal am Flughafen von Oklahoma City war und dort eine Frau mit drei kleinen Mädchen sah. Sie hüpften und sangen: „Papa kommt mit einem großen Flieger nach Hause! Papa kommt mit einem großen Flieger nach Hause!“ – ganz aufgeregt, mit funkelnden Augen, voller Erwartung! Sie hatten noch nie ihren Papa abgeholt, wenn er mit einem großen Flugzeug nach Hause kam. Ihre Mutter war sichtbar stolz auf sie und ihre Begeisterung. Man konnte es an ihren Augen sehen.

Dann landete das Flugzeug, die Türen gingen auf und die Fluggäste strömten in die Halle. Man brauchte nicht zu fragen, wer der Vater war. Die strahlenden Augen der Mädchen waren fest auf ihn gerichtet. Sein erster Blick aber ging suchend zu seiner Frau. Als er sie erspähte, schrie er: „Warum hast du mir keinen Mantel mitgebracht?“ und spazierte schnurstracks an seinen ihn bewundernden, aber nun tief enttäuschten Töchterchen vorbei.

Hier war ein Mann, der die Chance zur Größe hatte und sie nicht erkannte.

Wie oft am Tag, in der Woche, im Monat haben wir die Chance zur Größe und wissen es gar nicht?

Von all den wunderschönen Lithographien, die wir bei Successories® geschaffen haben, scheint sich jeder vor allem an eine zu erinnern. Es ist das Foto eines kleinen Jungen, der aufs Meer hinausschaut. Der Titel lautet „Prioritäten“ und der Text:

„In hundert Jahren wird es keine Rolle spielen, wieviel Geld auf meinem Konto war, in welchem Haus ich wohnte oder welches Auto ich fuhr … aber die Welt mag anders aussehen, weil ich für das Leben eines Kindes von Bedeutung war.“

Diese Worte vermitteln trefflich die Bedeutung von „wahrem Erfolg“.

PRIORITÄTEN

Hauptsache man lässt
die Hauptsache
die Hauptsache sein.

INTEGRITÄT

EIN REINES GEWISSEN
IST EIN SANFTES RUHEKISSEN.

SPRICHWORT

Bleiben Sie Ihren ÜBERZEUGUNGEN TREU

Es nützt nicht, irgendwo hinzugehen, um zu predigen, wenn unser Gang nicht unsere Predigt ist.

HL. FRANZ VON ASSISI

„DEIN WAHRER CHARAKTER *erweist sich in der Klarheit deiner Überzeugungen, in den Entscheidungen, die du fällst und den Versprechen, die du hältst. Bleibe deinen Grundsätzen treu und weigere dich, den Strömen der Bequemlichkeit zu folgen." Dieses großartige Zitat auf einem Druck von Successories® gehört zu meinen Lieblingssprüchen zum Thema Charakter. Mit jeder Entscheidung, die Sie fällen, formen Sie den Menschen, der Sie sein werden. Dem Rechten den Vorzug gegenüber dem Falschen zu geben, der Wahrheit gegenüber dem Populären – dies sind Entscheidungen, an denen Ihr Leben gemessen werden wird.*

Ken Duncan ist einer der besten Panoramafotografen der Welt. Ich verbrachte zwei Tage mit Ken und seiner Frau in deren Haus etwas nördlich von Sydney in Australien. Während dieser Zeit erzählte mir Ken von einigen unangenehmen Dingen, die ihm widerfuhren, als er seinen wundervollen Bildband *America Wide* veröffentlichte.

Er wollte unbedingt ein Buch schaffen, das die Pracht und Vielfalt der USA in allen fünfzig Bundesstaaten treffend wiedergab. Dieses Monumentalvorhaben nahm über einen Zeitraum von zwei Jahren einen Großteil seiner Zeit und Mittel in Anspruch.

Er hatte einen Vertrag mit einem großen Verlag geschlossen, konnte sich aber nicht mit diesem auf einen Umschlagtext einigen. Ken ist ein religiöser Mensch und wollte, dass unter dem Titel *America Wide* in etwas kleinerer Schrift der Untertitel "In God We Trust" stehen solle – „Wir vertrauen auf Gott", das Motto der Vereinigten Staaten. Der Verleger jedoch weigerte sich, Gott auf den Umschlag zu setzen. Ken musste eine sehr schwierige Entscheidung treffen: Sollte er auf Nummer Sicher gehen und dem Verleger zustimmen, der einen weltweiten Vertrieb hatte, oder sollte er das Buch selbst verlegen, das ihn über zwei Jahre Arbeit gekostet hatte? Er entschied sich, seiner Überzeugung treu zu bleiben und "In God We Trust" auf dem Umschlag zu belassen. Trotz des hohen wirtschaftlichen Risikos war es für ihn undenkbar, dass er seinen Glauben einem Kompromiss opferte.

Er hatte die richtige Entscheidung getroffen: *America Wide* wurde ein Riesenerfolg und er verkaufte über 250.000 Exemplare.

Der große Basketballcoach John Wooden drückte es sehr treffend aus: „Widrigkeiten formen nicht den Charakter, sondern sie legen ihn frei."

ÜBERRAGENDES LEISTEN

ÜBERRAGENDES ZU LEISTEN IST KEIN EINMALIGER AKT,
SONDERN EINE GEWOHNHEIT.

ARISTOTELES

Verpflichten Sie sich ÜBERRAGENDES ZU LEISTEN

Zahllose unbeachtete Einzelheiten sind oft der einzige Unterschied zwischen mittelmäßig und herausragend.

EINES MEINER LIEBLINGSZITATE *stammt von Vince Lombardi, dem legendären Footballcoach der Green Bay Packers: „Die Qualität des Lebens eines Menschen steht in direktem Verhältnis zu dem, wie sehr er sich selbst verpflichtet hat, Überragendes zu leisten, ganz gleich, auf welchem Gebiet."*

Die Menschen, für die ich die größte Achtung empfinde, sind jene, die Opfer bringen, um das Beste aus sich herauszuholen. Gott hat jedem von uns einzigartige Begabungen mitgegeben und eine der Herausforderungen des Lebens ist es, das Beste daraus zu machen. Ob Sie eine Mutter, ein Mechaniker, ein Geschäftsmann oder etwas anderes sind: Ihr Ziel sollte stets sein, das Beste aus Ihren Begabungen zu machen … auf die innere Stimme zu hören, die Sie dazu inspiriert, zu lernen und zu wachsen.

Nach über dreißig Jahren im Geschäftsleben ist mir klargeworden, dass ein gemeinsamer Nenner aller erfolgreichen Menschen, die ich kennengelernt habe, das ist, was ich als das „Zugabe-Element“ bezeichne. Niemand wächst zu wahrer Größe heran, indem er gerade so viel tut, wie erforderlich ist – an die Spitze bringt ihn das, was er noch obendrauf gibt, die Zugabe.

Auf Michael McKee, einen der Vorstände bei Successories®, trifft diese Definition haargenau zu. Michaels unerschütterliches Streben nach einem Höchstmaß an Qualität war von entscheidender Bedeutung beim Aufbau der Marke Successories®. Seit wir das Unternehmen 1988 gründeten, mussten wir mehrfach die Gürtel enger schnallen, um wirtschaftliche Durststrecken zu überbrücken, aber wir opferten niemals die Qualität unserer Erzeugnisse durch Einsparungen am Produkt. Qualität war stets die „Mutter“ unseres Geschäfts und mit der Mutter spielt man nicht herum.

Ein Zitat auf einer unserer Lithographien erfasst die Essenz von Michael McKees Bekenntnis zur Vortrefflichkeit: „Zahllose unbeachtete Einzelheiten sind oft der einzige Unterschied zwischen mittelmäßig und herausragend.“

Heben Sie sich von der Masse ab. Seien Sie der „Zugabe“-Mensch in Ihrer Firma, in Ihrer Familie und bei allem, was Sie tun.

AUSDAUER

Halten SIE DURCH

WENN MICH JEMAND BITTEN WÜRDE, *ein Wort auszusuchen, um jeglichen Erfolg zu beschreiben, den ich genossen habe, dann würde ich nicht lange zögern: Das Wort wäre „Ausdauer".*

In den vergangenen dreißig Jahren war ich an drei jungen Firmen beteiligt: *Orval Kent, McCord Travel* und Successories®. Zu meiner Freude kann ich sagen, dass alle drei zu führenden Vertretern ihrer Branche wurden. Allerdings gelang keiner von ihnen der Erfolg ohne das, was ich als „todesnahe" Erfahrung bezeichnen möchte. Unterwegs standen häufig Menschen an den Seitenlinien und sagten: „Mac, es ist Zeit aufzugeben. Wirf das Handtuch! Es ist vorbei …" Ich bin froh, dass ich nicht auf sie gehört habe.

Meine Assistentin Marj Webber weiß, wie ich über Ausdauer denke und kürzlich kam sie zu mir ins Büro und sagte: „Das hier wird Ihnen gefallen." Dabei reichte sie mir eine Geschichte mit dem Titel „Abschütteln und höher klettern". Wenn Sie sie gelesen haben, werden Sie verstehen, warum mir diese Parabel über ein altes Maultier besonders am Herzen liegt.

ABSCHÜTTELN UND HÖHER KLETTERN

Ein Bauer besaß ein altes Maultier, das in einen Brunnen fiel.
Nachdem er sich ein Bild von der Lage gemacht hatte, kam der Bauer widerstrebend
zu dem Schluss, dass weder das Tier noch der Brunnen zu retten waren.
So rief er ein paar Nachbarn zusammen, die ihm helfen sollten,
das alte Maultier im Brunnen zu begraben und so aus seinem Elend zu erlösen.

Anfangs geriet das alte Maultier noch in Panik,
doch als immer mehr Erde auf seinen Rücken fiel, da geschah etwas:
Dem Maultier dämmerte, dass es jedesmal, wenn wieder eine Schaufel Erde
auf seinem Rücken landete, es sie ABSCHÜTTELN UND HÖHER KLETTERN
müsste!
Es tat dies, Schaufel für Schaufel: Abschütteln und höher klettern … abschütteln und
höher klettern. Ganz gleich, wie schmerzhaft die Verletzung oder wie schlimm die
Lage waren: Das alte Maultier kämpfte gegen seine Angst an und hörte nicht auf,
ABZUSCHÜTTELN UND HÖHER ZU KLETTERN!

Bald stieg das alte Maultier angeschlagen und erschöpft,
aber triumphierend aus dem Brunnen. Die Erde, unter der es anfangs begraben
zu werden schien, half ihm tatsächlich bei der Rettung … weil es wusste, wie es mit
seinem Ungemach umzugehen hatte.

So ist das Leben. Wenn wir unseren Problemen ins Auge schauen und positiv auf sie reagieren und uns weigern, in Panik, Bitterkeit oder Selbstmitleid zu verfallen, dann offenbaren uns die Widrigkeiten, die uns eigentlich begraben sollten, allermeistens ihr Potential, uns zu nützen.

Nichts in der Welt kann Ausdauer ersetzen.
Begabung kann es nicht: Nichts ist verbreiteter
als erfolglose Menschen mit Begabung.
Genie kann es nicht: Genie, das nicht belohnt wird, ist schon fast sprichwörtlich.
Bildung kann es nicht: Die Welt ist voll von gebildeten Verlierern.
Ausdauer und Entschlossenheit allein sind allmächtig.

CALVIN COOLIDGE

RISIKO

STREBEN,
SUCHEN,
FINDEN
UND NICHT NACHGEBEN.

ALFRED LORD TENNYSON

HÜTEN SIE SICH VOR DEM WEG DES *geringsten Widerstandes*

VOR KNAPP DREI JAHREN *saß ich in meinem Büro und erwartete einen wichtigen Anruf. Mir klopfte das Herz und mein Mund war ausgetrocknet. Als das Telefon klingelte, teilte mir die Stimme am anderen Ende das mit, was ich nicht hören wollte: Ich hatte Prostatakrebs. Mein Leben veränderte sich schlagartig. Was mir in meinem Geschäftsleben wichtig gewesen war, wurde von einem Augenblick zum anderen unbedeutend. Mein neuer Fokus war, Gott zu bitten, mir zu helfen, die richtige Entscheidung zu treffen, wie ich mich behandeln lassen und was ich mit dem Rest meines Lebens anfangen sollte.*

Ich war seit dreißig Jahren Unternehmer gewesen und ich beschloss, mich aus dem stressigen Tagesgeschäft der Unternehmensführung zurückzuziehen. Ich war 54 Jahre alt und bereit, mehr vom sprichwörtlichen Duft der Rosen am Wegesrand wahrzunehmen, indem ich golfen und angeln ging und mit meiner Familie verreiste.

Nach der Behandlung und einem Jahr der Ruhe wurde mir aber bald klar, dass ich noch nicht bereit war für den Ruhestand. Also suchte ich mir neben meiner Beratertätigkeit für Successories® noch eine weitere Beschäftigung, die Spaß machte und mir eine flexible Einteilung meiner Zeit gestattete.

Vor meiner Erkrankung hatte ich gern Vorträge vor Unternehmen und an Universitäten gehalten, aber die Zeit, die mir dafür zur Verfügung stand, war begrenzt gewesen. Nach meiner Behandlung hatte ich zwar die Zeit, aber ich fragte mich, ob ich wirklich das viele Reisen auf mich nehmen will.

Meine Überlegungen fanden ein Ende, als ich im Radio hörte, wie Lee Ann Womack ihren Hit "*I Hope You Dance*" sang. Ich drehte das Radio lauter und ließ die wunderbaren Worte auf mich wirken, die mir halfen, vom Weg des geringsten Widerstandes abzukommen. Am einen oder anderen Punkt brauchen wir alle einen kleinen Anstoß und die Worte dieses Liedes, das davon handelt, das Leben anzunehmen, gaben mir genau das, was ich brauchte.

Wie viele von uns gehen mit unerfüllten Träumen durchs Leben, weil wir Angst vor den Risiken haben. Denken Sie darüber nach, was Ihrem Leben Sinn verleiht – es sind nicht die Dinge, die Sie bekommen, sondern das, was Sie erreichen.

Ich freue mich, sagen zu können, dass sich der Krebs zurückgebildet hat. In den letzten Jahren hat es mir wirklich sehr viel Spaß gemacht, in vielen Unternehmen im ganzen Land Vorträge darüber zu halten, was ich über das Geschäft und über das Leben gelernt habe.

Wie das Lied sagt:

> *Wenn du die Wahl hast, es auszusitzen oder zu tanzen,*
> *dann hoffe ich, du tanzt … ich hoffe, du tanzt.*

Ich entschied mich zum Tanzen … und hoffe, Sie tun es auch.

Es ist einfacher, vom Berg hinabzusteigen als auf ihn hinauf,
aber das Beste ist die Aussicht vom Gipfel.

ERFOLG

LIEBE

LIEBEN & *geliebt werden*

KÜRZLICH Aẞ ICH MIT EINEM BEKANNTEN *zu Abend, der mir erzählte, dass einer seiner besten Freunde beim Absturz einer Privatmaschine ums Leben gekommen war. Bei der Trauerfeier geschah etwas Unvergessliches, und er berichtete es mir.*

Die Witwe seines Freundes ging nach vorn, um zur Trauergemeinde zu sprechen. Sie sagte, eine Freundin habe sie nach der schönsten Erinnerung an ihr Eheleben gefragt. In jenem Moment war sie zu sehr in der Trauer gefangen gewesen, um zu antworten, doch war ihr die Frage seitdem nicht mehr aus dem Sinn gegangen und nun wollte sie sie beantworten.

Sie waren beide Ende 40, als er starb, und sie begann, über eine Zeit ihres Lebens zu sprechen, die fast 20 Jahre zurücklag. Sie hatte ihre Arbeitsstelle aufgegeben, um ihren Universitätsabschluss zu machen, und ihr Ehemann war ihr dabei eine stets zuverlässige Stütze gewesen.

Er behielt seine Arbeitsstelle und kümmerte sich auch um

das Kochen, das Putzen und alle anderen Hausarbeiten, während sie für ihren Abschluss studierte.

Einmal hatten sie beide die ganze Nacht durchgearbeitet. Sie war in der letzten Phase ihrer Diplomarbeit, und er bereitete eine wichtige geschäftliche Besprechung vor. An jenem Morgen trat sie auf die Galerie hinaus, blickte auf ihn über die Brüstung und dachte daran, wie sehr sie ihn liebte. Sie wusste, wie wichtig diese Besprechung für seine Karriere war und sie fühlte sich schuldig, dass sie noch nicht einmal die Zeit gehabt hatte, ihm das Frühstück zu machen. Er schnappte seine Aktentasche und hastete hinaus. Sie hörte, wie das Garagentor sich öffnete und schloss, aber zu ihrem Erstaunen öffnete es sich 30 Sekunden später erneut.

Von oben sah sie, wie ihr Mann ins Haus rannte und an den vernachlässigten Frühstückstisch trat. Mit dem Finger durch den Staub fahrend schrieb er die Worte „Ich liebe dich". Dann raste er zurück zu seinem Auto und fuhr los.

Die Witwe blickte auf ihre Zuhörerschaft und sagte: „John und ich hatten ein wunderbares gemeinsames Leben. Wir sind mehrmals um die ganze Welt gereist und wir hatten alles, was man für Geld kaufen kann ... aber nichts hat mir so viel bedeutet wie dieser Moment."

Das Leben schreitet mit Riesenschritten voran. Mir kommt es vor, als hätte ich erst gestern meinen Abschluss gemacht … und nun sind 35 Jahre vergangen. Auch wenn ich auf meine geschäftlichen Erfolge sehr stolz bin, geht es in meinem Leben letztendlich nur darum, zu lieben und geliebt zu werden.

Man lernt reden, indem man redet,

studieren, indem man studiert,

laufen, indem man läuft,

arbeiten, indem man arbeitet.

Auf die gleiche Weise

lernt man zu lieben, indem man liebt.

LIEBE

HL. FRANZ VON SALES

Mein persönlicher Dank gilt Ken Jenkins und Todd Reed, die beide nicht nur großartige Naturfotografen sind, sondern auch großartige Menschen. – Mac

KEN JENKINS IST EIN LANDESWEIT bekannter Naturforscher, Schriftsteller, Verleger, Redner und naturgeschichtlicher Fotograf, dessen Artikel und Fotografien in über 300 überregionalen Publikationen erschienen sind. Seine Vorträge und Seminare (die vier Jahre lang von Nikon gesponsert wurden) haben ihn durch die Nationalparks und durch große Städte des Südostens der USA geführt. Ken lebt in Gatlinburg (Tennessee), wo er mehrere Galerien besitzt und betreibt. Kens Fotos sind auf der hinteren Umschlagseite zu sehen sowie auf den Seiten 2, 8, 16, 24, 32, 34, 36, 38, 47, 59, 60, 64, 76, 84, 86, 88, 99, 102, 115, 119 und 122.

Weitere Informationen finden Sie unter www.KenJenkins.com.

DIE SCHÖNHEIT UND KRAFT DER GROSSEN SEEN Nordamerikas haben die Fotografien von Todd Reed über mehr als dreißig Jahre geprägt. Todds Buch *Ludington: Point to Point* erfasst die Herrlichkeit des Michigansees und des angrenzenden Landes bei Ludington (Michigan), wo er zu Hause ist. Das Leben des preisgekrönten Fotografen dreht sich um vier Leidenschaften: Familie, Fotografie unter freiem Himmel, Fotografieunterricht und das Steuern von Rettungsbooten als Reservist der Küstenwache. Todds Fotos sind auf den Seiten 4, 28, 40, 44, 50, 55, 56, 79, 80, 91, 100 und 116 zu finden

Weitere Informationen finden Sie unter www.ToddReedPhoto.com.

MAC ANDERSON ist der Gründer von Successories®, Inc., dem führenden Hersteller und Anbieter von Produkten für Motivation und Anerkennung. Successories ist jedoch nicht die erste Erfolgsgeschichte von Mac Anderson. Er war auch der Gründer und Firmenchef von McCord Travel, dem größten Reiseveranstalter im Mittleren Westen der USA und er war Mitinhaber und Vizepräsident für Verkauf und Marketing der Orval Food Company, dem landesweit größten Hersteller von Fertigsalaten. Mac Andersons Erfolge in diesen drei völlig unterschiedlichen Bereichen beweisen seine Leidenschaft und seine Führungsqualitäten.

Dieselbe Leidenschaft legt er in seine Vorträge und seine Bücher. Er spricht bei Unternehmensveranstaltungen über viele verschiedene Themen, wie z.B. Menschenführung, Motivation und Teamaufbau. Er ist Auto von drei Büchern: *"The Nature of Success"*, *"The Power of Attitude"* und *"The Essence of Leadership"*. Er ist Mitverfasser folgender Werke: *"To a Child, Love is Spelled T-I-M-E"* und *"The Race"*. Mac Anderson hat auch Simple Truths gegründet,eine Firma, die firmenspezifische Geschenkbücher veröffentlicht, um zentrale Grundwerte wieder in den Mittelpunkt zu rücken.

Weitere Informationen finden Sie unter www.macanderson.com